Jacques-Jean EBRARD
1864

BIBLIOTHÈQUE NATIONALE



# NOTICE

DES

# OBJETS EXPOSÉS

DANS LA SALLE DU PARNASSE FRANÇAIS

A L'OCCASION

DU SECOND CENTENAIRE DE LA MORT

DE

## PIERRE CORNEILLE



Octobre 1884

PARIS
TYPOGRAPHIE GEORGES CHAMEROT
19, RUE DES SAINTS-PÈRES, 19

1884

# EXPOSITION CORNÉLIENNE

BIBLIOTHÈQUE NATIONALE

# NOTICE

DES

# OBJETS EXPOSÉS

DANS LA SALLE DU PARNASSE FRANÇAIS

A L'OCCASION

DU SECOND CENTENAIRE DE LA MORT

DE

## PIERRE CORNEILLE



Octobre 1884



PARIS

TYPOGRAPHIE GEORGES CHAMEROT

19, RUE DES SAINTS-PÈRES, 19

1884

BIBLIOTHÈQUE NATIONALE

---

# EXPOSITION CORNÉLIENNE

L'exposition par laquelle la Bibliothèque nationale veut honorer la mémoire de Corneille est organisée dans la pièce qui précède la galerie Mazarine, et dont le milieu est occupé par le *Parnasse Français,* monument en bronze que Titon du Tillet fit exécuter au commencement du règne de Louis XV et qu'il dédia « à la gloire de la France et de Louis le Grand et à la mémoire immortelle des illustres poëtes et musiciens françois ».

Dans les premières vitrines à gauche en entrant sont disposées, suivant l'ordre chronologique, les éditions originales de toutes les pièces de théâtre de Pierre Corneille. A la suite viennent, également en éditions originales, les ouvrages de piété et différentes pièces de circonstance. La dernière vitrine, à côté de la porte qui s'ouvre dans la galerie Mazarine, est remplie par les livrets auxquels donna lieu l'apparition du *Cid*. Les vitrines qui sont de l'autre côté de la porte de la galerie Mazarine renferment les éditions collectives des œuvres de Corneille qui ont été imprimées du vivant de l'auteur, ou peu de temps après sa mort. Dans les vitrines adossées au mur opposé à la fenêtre on a mis un choix des plus remarquables éditions du XVIII^e siècle; la plupart sont représentées par des exemplaires qui se recommandent, soit par une condition exceptionnelle, soit par le nom des personnages auxquels ils ont appartenu.

Le visiteur, en se rapprochant de la porte par laquelle il est entré, trouvera plusieurs volumes qui rappellent différentes circonstances de la vie de Corneille et les honneurs qui ont été rendus à sa mémoire : par exemple un livret des adresses des Académiciens, en 1676, où l'on voit que Pierre Corneille habitait alors la rue de Cléry, les Observations de l'Académie sur l'orthographe, texte imprimé et texte manuscrit, celui-ci avec une apostille autographe de Bossuet au sujet d'une réforme proposée par Corneille; enfin l'exemplaire de l'Éloge de Corneille par Racine qui a appartenu au grand Condé.

La dernière vitrine de la salle a été consacrée à une dizaine de pièces précieuses, imprimées et manuscrites, que la bibliothèque Sainte-Geneviève a bien voulu mettre à notre disposition. On doit y remarquer les lettres adressées par Corneille au Père Boulard, religieux de Sainte-Geneviève.

Un meuble placé dans le vestibule, au haut de l'escalier, a permis de rapprocher une trentaine de portraits gravés de Corneille. Il renferme encore six lettres autographes de Corneille, dont la plus touchante est celle qui s'adresse à Colbert et qui commence par ces mots : « Monseigneur, dans le malheur qui m'accable, depuis quatre ans, de n'avoir plus de part aux gratifications dont Sa Majesté honore les gens de lettres, je ne puis avoir un plus juste et plus favorable recours qu'à vous, Monseigneur, à qui je suis entièrement redevable de celle que j'y avois... » — Sous deux glaces du même meuble, nous avons placé un acte notarié du 31 janvier 1683 dans lequel Pierre Corneille, demeurant à Paris, rue d'Argenteuil, est qualifié seigneur d'Oville, et une généalogie imprimée en 1758 qui montre quel lien de parenté unissait Fontenelle à « Pierre Corneille le Grand ».

En dernier lieu, la longue vitrine qui remplit l'embrasure de la fenêtre de la salle du Parnasse renferme, à côté de médailles frappées au XVIIIe et au XIXe siècle, des documents d'une haute valeur relatifs à la vie de Corneille, et notamment un livre qui lui fut donné en 1618 pour second prix de versification latine au collège de Rouen; l'exemplaire de son *Théâtre* qu'il offrit vers l'année 1664 comme témoignage de sa reconnaissance aux Jésuites, ses anciens maîtres; l'original annoté par le cardinal de Richelieu des *Sentiments de l'Académie sur le Cid;* l'état des gens de lettres pensionnés par Louis XIV en 1665, en tête duquel figure Corneille; un livret aux armes du grand dauphin qui indique la distribution des rôles du *Cid* et d'autres tragédies ou comédies représentées en 1685, etc.

Pour rédiger la notice des objets exposés, on a souvent mis à contribution l'édition des œuvres de Corneille que M. Marty-Laveaux a publiée sous la direction de M. Adolphe Regnier, et la *Bibliographie cornélienne* de M. Émile Picot.

Le mérite d'avoir choisi, groupé et catalogué les volumes et pièces imprimés, qui forment la grande majorité de l'Exposition, revient à M. O. Thierry-Poux, conservateur sous-directeur au département des Imprimés. M. Deprez, bibliothécaire au département des Manuscrits, sous la direction du conservateur M. Michelant, a été chargé de la partie manuscrite. M. Chabouillet et M. le vicomte Delaborde ont recherché les médailles et les estampes conservées dans les départements à la tête desquels ils sont placés. Le public qui visitera la salle du Parnasse devra leur savoir gré de l'empressement avec lequel ils ont improvisé cette exposition. Il ne devra pas non plus oublier le bienveillant concours que nous avons reçu de nos collègues des bibliothèques de Sainte-Geneviève, de l'Université et de l'Institut.

L. D.

# NOTICE

DES

# OBJETS EXPOSÉS

DANS LA SALLE DU PARNASSE FRANÇAIS

## Éditions originales des Pièces de Théâtre de Corneille.

**1-3**. Mélite, ou les Fausses Lettres, pièce comique. *Paris, François Targa*, 1633, in-4.

Édition originale de la première pièce de Corneille. Au cours du tirage de cette édition quelques remaniements ont été faits. Certains exemplaires, comme celui qui est exposé sous le n° 3, portent par exemple en manchette. p. 101, l'indication d'un jeu de scène qui ne se rencontre pas dans l'exemplaire exposé sous le n° 1, lequel a appartenu à Gaston d'Orléans, non plus que dans l'exemplaire n° 2 conservé à la Bibliothèque Sainte-Geneviève. Cette pièce a été jouée à la fin de 1629 ou au commencement de 1630.

**4-5**. Clitandre, ou l'Innocence délivrée, tragi-comédie. Dédiée à Monseigneur le Duc de Longueville.

*Paris, François Targa*, 1632. Meslanges poétiques du mesme. *Paris, François Targa*, 1632, in-8.

Cette pièce est la seconde que Corneille a fait représenter et la première livrée par lui à l'impression. Elle a probablement été jouée en 1631. Les *Meslanges* imprimés à la suite renferment 16 pièces de poésie.

**6-7.** La Vefve, ou le Traistre trahy. Comédie. *Paris, François Targa*, 1634, in-8.

Cette comédie, qui a dû être jouée en 1633, est précédée de 26 pièces de vers écrites en l'honneur de Corneille par divers auteurs en tête desquels se trouvent Scudéry et Mairet. L'exemplaire n° 7, qui vient de la bibliothèque de Gaston d'Orléans, est ouvert de manière à présenter les pièces de Scudéry et de Mairet.

**8.** La Galerie du Palais, ou l'Amie rivalle, comédie. *Paris, Augustin Courbé*, 1637, in-4.

Le présent exemplaire de l'édition originale de cette pièce, qui, bien qu'imprimée seulement en 1637, a été jouée probablement en 1633, vient de la bibliothèque de Gaston d'Orléans.

**9.** La Suivante, comédie. *Paris, Augustin Courbé*, 1637, in-4.

Cette pièce a été jouée probablement en 1634. Le présent exemplaire appartient à la Bibliothèque Sainte-Geneviève.

**10.** La Suivante, comédie. *Paris, François Targa*, 1637, in-4.

Exemplaire portant le nom du libraire Targa que Courbé avait associé à son privilège.

**11.** La Place Royalle, ou l'Amoureux extravagant, comédie. *Paris, Augustin Courbé*, 1737, in-4.

Cette pièce a dû être jouée en 1634.

**12.** Médée, tragédie. *Paris, François Targa*, 1639, in-4.

Cette tragédie fut jouée probablement au commencement de 1635.

**13.** L'Illusion comique, comédie. *Paris, François Targa,* 1639, in-4.

Cette comédie fut représentée en 1636.

**14.** Le Cid, tragi-comédie. *Paris, Augustin Courbé,* 1637, in-4.

Édition originale de cet illustre chef-d'œuvre qui fut représenté vers la fin de 1636.

**15.** Le Cid, tragi-comédie. *Paris, François Targa,* 1637, in-4.

Exemplaire de l'édition originale du *Cid* portant le nom du libraire Targa, associé au privilège d'Augustin Courbé.

**16.** Le Cid, tragi-comédie. *Paris, François Targa* (et) *Augustin Courbé* (1637), in-12.

C'est à partir du *Cid* que le grand succès des pièces de Corneille engagea les éditeurs à donner, en même temps, de la plupart de ces pièces, deux éditions, l'une de format in-4 et l'autre de format in-12. Le frontispice de cette édition est gravé par Michel Lasne.

**17.** Le Cid, tragi-comédie. *Paris, Augustin Courbé,* 1639, in-4.

Le présent exemplaire de cette édition vient de la bibliothèque de Gaston d'Orléans.

**18.** Le Cid, tragi-comédie. *Paris, François Targa,* 1639, in-4.

Exemplaire portant l'adresse du libraire associé au privilège de A. Courbé.

**19.** Le Cid, tragi-comédie. *Paris, Augustin Courbé,* (et) *Pierre le Petit* (1642), in-12.

Même frontispice gravé qu'à la première édition in-12.

(Voyez ci-dessus nº 16.) M. Émile Picot prouve dans son excellente *Bibliographie cornélienne* que cette édition, bien qu'ayant le même achevé d'imprimer que l'édition mentionnée sous le nº 16, ne peut pas avoir été publiée avant 1642, première année de l'exercice du libraire Pierre le Petit.

**20.** Horace, tragédie. *Paris, Augustin Courbé,* 1641, in-4.

Édition originale de cette tragédie. Frontispice dessiné par Le Brun et gravé par P. Daret. *Horace* fut représenté en 1640.

**21.** Horace, tragédie. *Paris, Augustin Courbé,* 1641, in-4.

Édition différente de la précédente. L'exemplaire exposé est ouvert de manière à présenter le frontispice gravé qui est le même que celui du nº 20.

**22-23.** Horace, tragédie. *Paris, Augustin Courbé,* 1641, in-12.

Frontispice gravé représentant Romulus et Remus. L'exemplaire qui figure ici sous le nº 23, représente un état différent du nº 22 et caractérisé par une modification introduite au titre dans la composition typographique de l'adresse du libraire.

**24-25.** Cinna, ou la Clémence d'Auguste, tragédie. *Imprimé à Rouen aux despens de l'autheur. Paris, Toussainct Quinet,* 1643, in-4.

Édition originale de cette tragédie qui fut représentée à la fin de 1640. Deux exemplaires sont exposés de manière à présenter, l'un le titre, et l'autre le frontispice gravé.

**26-27.** Cinna, ou la Clémence d'Auguste, tragédie. *Paris, Toussainct Quinet,* 1643, in-12.

Les deux exemplaires exposés présentent, l'un le titre, et l'autre le frontispice gravé.

**28.** Cinna, ou la Clémence d'Auguste, tragédie. *Im-*

*primé à Rouen. Paris, Toussainct Quinet*, 1646, in-4.

Cette édition renferme une lettre élogieuse de Balzac à Corneille au sujet de sa pièce. L'exemplaire exposé est ouvert à la page où commence la lettre de Balzac.

**29-31**. Polyeucte, martyr, tragédie. *Paris, Antoine de Sommaville et Auguste Courbé*, 1643, in-4.

Cette tragédie fut jouée en 1643. Trois exemplaires de l'édition originale sont exposés : l'un est ouvert au titre, le second au frontispice gravé, et le troisième est fermé de manière à présenter sa reliure en maroquin rouge aux armes de Condé.

**32**. Polyeucte, martyr. *Imprimé à Rouen. Paris, Antoine de Sommaville et Augustin Courbé*, 1644, in-12.

L'achevé d'imprimer porte la date du 27 novembre 1643.

**33-35**. La Mort de Pompée, tragédie. *Paris, Antoine de Sommaville et Auguste Courbé*, 1644, in-4.

Première édition de cette pièce qui fut jouée sans doute au commencement de 1643. Un des exemplaires exposés présente le titre de la pièce ; le second, le frontispice de François Chauveau, et le troisième est ouvert de manière à montrer une traduction latine du *Remerciment à Mazarin*, traduction signée A. R. (Abrahamius Remius), qui a été ajoutée à certains exemplaires.

**36**. La Mort de Pompée, tragédie. *Paris, Antoine de Sommaville et Augustin Courbé*, 1644, in-12.

**37**. Le Menteur, comédie. *Imprimé à Rouen. Paris, Antoine de Sommaville et Augustin Courbé*, 1644, in-4.

Première édition de cette comédie, représentée en 1643. Le titre porte le fleuron de l'imprimeur rouennais *Laurens Maurry*.

**38**. Le Menteur, comédie. *Imprimé à Rouen. Paris, Antoine de Sommaville et Augustin Courbé*, 1644, in-12.

**39**. La Suite du Menteur, comédie. *Imprimé à Rouen. Paris, Antoine de Sommaville et Augustin Courbé*, 1645, in-4.

Édition originale imprimée par Laurens Maurry. Cette pièce a été jouée à la fin de l'année 1643. L'exemplaire exposé vient de la bibliothèque de Gaston d'Orléans.

**40**. La suite du Menteur, comédie. *Imprimé à Rouen. Paris, Antoine de Sommaville et Augustin Courbé*, 1645, in-12.

**41**. Rodogune, princesse des Parthes, tragédie. *Imprimé à Rouen. Paris, Toussaint Quinet*, 1647, in-4.

Première édition de *Rodogune* qui fut probablement jouée en 1644. L'exemplaire exposé est ouvert au frontispice de C. Lebrun.

**42**. Rodogune, princesse des Parthes, tragédie. *Imprimé à Rouen. Paris, Augustin Courbé*, 1647, in-4.

Cet exemplaire de l'édition originale de *Rodogune* porte dans l'adresse le nom de Courbé que Toussaint Quinet avait associé à son privilège, ainsi que Antoine de Sommaville.

**43**. Rodogune, princesse des Parthes, tragédie. *Imprimé à Rouen. Paris, Toussaint Quinet*, 1647, in-12.

**44**. Rodogune, princesse des Parthes, tragédie de Pierre Corneille. *Au Nord*, 1760, in-4.

Dans l'exemplaire exposé, sur la page en regard du titre, se lit la note suivante écrite et signée par Capperonnier, alors garde des Imprimés de la Bibliothèque du Roi : « Cette tragédie de P. Corneille m'a été envoyée par M^me^ la marquise de Pompadour, qui a pris la peine de l'imprimer elle-même. Elle m'a fait l'honneur de me dire qu'on n'en avait tiré que vingt exemplaires. Ce 17 décembre 1761. » D'un autre côté, voici la note que l'on trouve dans le « Catalogue des livres de la bibliothèque de feue M^me^ la marquise de Pompadour. » Paris, 1765, in-8, p. 86, n^o^ 890 : « Cette édition a été faite sous les yeux de M^me^ de Pompadour, dans son appartement à Versailles, pour lui donner une connoissance de l'imprimerie. On a joint à cet exemplaire une estampe gravée par elle-même, sur un dessein de M. Boucher. » La figure, qui représente la scène finale de la tragédie, porte au bas : *F. Boucher inv. et delin.* 1759. — *Gravé à l'eau-forte par Mme de Pompadour.* — *Retouché par C. N. Cochin.*

**45.** Théodore, vierge et martyre, tragédie chrétienne. *Imprimé à Rouen. Paris, Toussainct Quinet*, 1646, in-4.

Cette pièce, jouée en 1645, a été imprimée à Rouen par Laurens Maurry. M. Émile Picot, dans sa *Bibliographie cornélienne*, a très bien expliqué le motif de l'interversion qui, dans les éditions collectives des œuvres de Corneille, a fait placer *Théodore* avant *Rodogune*.

**46.** Théodore, vierge et martyre, tragédie chrétienne. *Imprimé à Rouen. Paris, Augustin Courbé*, 1646, in-4.

Cet exemplaire de l'édition originale de *Théodore* porte le nom du libraire Courbé, associé au privilège de T. Quinet.

**47.** Théodore, vierge et martyre, tragédie chrétienne. *Imprimé à Rouen. Paris, Toussainct Quinet*, 1646, in-12.

**48.** Héraclius, empereur d'Orient, tragédie. *Imprimé à Rouen. Paris, Augustin Courbé*, 1647, in-4.

Cette tragédie fut jouée vers la fin de 1646. Elle a été imprimée à Rouen par Laurens Maurry, l'imprimeur ordinaire des pièces de Corneille.

**49.** Héraclius, empereur d'Orient, tragédie. *Imprimé à Rouen. Paris, Toussainct Quinet*, 1647, in-12.

**50.** Dessein de la tragédie d'Andromède, représentée sur le Théâtre Royal de Bourbon. Contenant l'ordre des scènes, la description des théâtres et des machines et les paroles qui se chantent en musique.

*Imprimé à Rouen aux despens de l'autheur,* 1650. *Paris, Augustin Courbé,* in-8.

Ce programme a été rédigé par Corneille lui-même pour l'usage des spectateurs. La pièce a été jouée au commencement de l'année 1650. La musique fut écrite par Dassoucy. Les décorations et les machines étaient de Torelli.

**51**. Andromède, tragédie. Représentée avec les machines sur le Théâtre Royal de Bourbon. *Rouen, Laurens Maurry,* 1651, *et Paris, Charles de Sercy,* in-12.

Première édition d'*Andromède*. Le numéro précédent n'était qu'un programme de la pièce. L'achevé d'imprimer porte la date du 13 août 1650.

**52-54**. Andromède, tragédie. Représentée avec les maschines sur le Théâtre Royal de Bourbon. *Rouen, Laurens Maurry,* 1651, *et Paris, Charles de Sercy,* in-4.

Cette édition de format in-4 n'a paru qu'un an après l'édition in-12 (l'achevé d'imprimer porte la date du 13 août 1651). Comme le fait remarquer M. Picot, l'exécution des planches de Chauveau qui s'y trouvent jointes dut probablement en retarder la publication. Trois exemplaires sont exposés. L'un montre le frontispice de Chauveau, le second présente le titre de la pièce, et le troisième est ouvert de manière à montrer la figure de Chauveau représentant le décor du 5e acte.

**55**. Andromède, tragédie en machines de Monsieur de Corneille l'aisné, représentée sur le Théâtre Royal des seuls comédiens du Roy, entretenus par Sa Majesté en leur Hôtel, rue de Guénégaud. Entreprise sous la conduite du sieur Dufort, ingénieur et machiniste du Théâtre Royal des seuls comédiens du Roy. (*Paris*), *de l'imprimerie de la veuve G. Adam,* 1682, in-4.

M. Picot signale trois exemplaires de ce programme, qui

diffère de celui de 1651. Les vers mis en musique présentent des remaniements, sans doute de Corneille lui-même.

**56.** Airs à quatre parties, du sieur Dassoucy. *Paris, Robert Ballard*, 1653. Pet. in-8, oblong.

Deux airs écrits sur des paroles d'*Andromède* figurent dans ce recueil dont deux parties, celle de *taille* et celle de *basse-contre*, les seules que possède la Bibliothèque nationale, sont exposées. L'un des volumes est ouvert au 3e feuillet où se trouvent des vers adressés à Dassoucy par Corneille. L'autre présente la musique écrite sur les paroles : *Vivez, heureux amants.*

**57.** D. Sanche d'Arragon, comédie héroïque. *Imprimé à Rouen. Paris, Augustin Courbé*, 1650. In-4.

Cette pièce, imprimée à Rouen par Laurens Maurry, fut représentée à la fin de 1649 ou au commencement de 1650.

**58.** D. Sanche d'Arragon, comédie héroïque. *Imprimé à Rouen. Paris, Augustin Courbé*, 1650, in-12.

**59.** Nicomède, tragédie. *Rouen, Laurens Maurry*, 1651, *et Paris, Charles de Sercy*, in-4.

Première édition de cette tragédie jouée probablement en 1650 ou au commencement de 1651.

**60.** Nicomède, tragédie. *Paris, Charles de Sercy*, 1652, in-12.

**61.** Pertharite, roy des Lombards, tragédie. *Rouen, Laurens Maurry*, 1653, *et Paris, Guillaume de Luynes*, in-12.

M. Marty-Laveaux a prouvé que la représentation de cette pièce remonte à l'année 1652.

**62.** Œdipe, tragédie, par P. Corneille. *Imprimé à Rouen (par L. Maurry). Paris, Augustin Courbé et Guillaume de Luyne*, 1659, in-12.

Cette tragédie a été représentée le 24 janvier 1659.

**63**. Desseins de la Toison d'Or, tragédie. Représentée par la troupe royale du Marests, chez M. le marquis de Sourdéac, en son chasteau du Neufbourg, pour réjouissance publique du mariage du Roy, et de la Paix avec l'Espagne, et ensuite sur le Théâtre Royal du Marests. *Imprimé à Rouen. Paris, Augustin Courbé et Guillaume de Luyne,* 1661, in-4.

On ne connaît que trois exemplaires du programme de cette tragédie-opéra représentée au château de Neufbourg en 1660 et en 1661 au théâtre du Marais.

**64**. Desseins de la Toison d'Or, tragédie. Représentée par la troupe royale du Marests, chez M. le marquis de Sourdéac, en son chasteau du Neufbourg, pour réjouissance publique du mariage du Roy, et de la Paix avec l'Espagne, et ensuite sur le Théâtre Royal du Marests. *Paris, Augustin Courbé et Guillaume de Luyne,* 1661, in-8.

Seul exemplaire connu.

**65**. La Toison d'Or, tragédie. Représentée par la troupe royale du Marests chez M. le marquis de Sourdéac, en son chasteau du Neufbourg, pour réjouissance publique du mariage du Roy, et de la Paix avec l'Espagne, et ensuite sur le Théâtre Royal du Marests. *Imprimé à Rouen. Paris, Augustin Courbé et Guillaume de Luyne,* 1661, in-12.

Première édition de cette pièce. Les nos 63 et 64 ne sont que des programmes.

**66**. La Toison d'Or. Tragédie en machines, de Monsieur de Corneille l'Aisné, représentée sur le Théâtre Royal des seuls comédiens du Roy, entretenus par Sa Majesté en leur Hostel, rue de Guénégaud. Avec un prologue nouveau. Entreprise sous la conduite du sieur Du Fort, ingénieur et machiniste du Théâtre Royal des seuls comédiens du Roy. *Paris, de l'imprimerie de la veuve G. Adam*, 1683, in-4.

Programme différant entièrement des *Desseins de la Toison d'Or*, publiés en 1661.

**67**. Sertorius, tragédie. *Imprimée à Rouen (par L. Maurry). Paris, Augustin Courbé et Guillaume de Luyne*, 1662, in-12.

Cette pièce fut représentée en février 1662.

**68**. Sophonisbe, tragédie, par P. Corneille. *Imprimée à Rouen (par L. Maurry). Paris, Guillaume de Luyne*, 1663, in-12.

Cette tragédie fut représentée à l'Hôtel de Bourgogne en janvier 1663.

**69**. Othon, tragédie, par P. Corneille. *Paris, Guillaume de Luyne*, 1665, in-12.

Cette pièce fut jouée à Fontainebleau et puis à Paris en 1664.

**70**. Othon, tragédie, par P. Corneille. *Paris, Thomas Jolly*, 1665, in-12.

Le libraire T. Jolly avait été associé par G. de Luyne à son privilège.

**71**. Agésilas, tragédie, en vers libres rimez, par P. Corneille. *Rouen (imprimé par L. Maurry), et Paris, Guillaume de Luyne*, 1666, in-12.

Cette pièce a été jouée probablement en février 1666.

**72**. Agésilas, tragédie, en vers libres rimez, par P. Corneille. *Rouen (imprimé par L. Maurry), et Paris, Louis Billaine*, 1666, in-12.

Cette édition porte le nom du libraire L. Billaine, associé au privilège

**73**. Attila, roy des Huns, tragédie, par P. Corneille. *Paris, Guillaume de Luyne,* 1668, in-12.

Cette tragédie fut jouée par la troupe de Molière le 4 mars 1667.

**74**. Attila, roy des Huns, tragédie, par P. Corneille. *Paris, Thomas Jolly,* 1668, in-12.

T. Jolly était associé au privilège de G. de Luyne.

**75-76**. Tite et Berenice, comédie héroïque, par P. Corneille. *Paris, Louis Billaine,* 1671, in-12.

Le privilège accordé à Corneille pour cette pièce, jouée par la troupe de Molière, le 28 novembre 1670, lui fut donné en même temps pour une traduction en vers français de la *Thébaïde* de Stace (voyez le nº 97). La tragédie de Racine sur le même sujet avait été jouée à l'hôtel de Bourgogne le 20 novembre 1670, huit jours avant. C'est Henriette d'Angleterre qui *eut besoin de beaucoup d'adresse,* — suivant l'expression de Fontenelle. — *pour faire trouver les deux combattants sur le champ de bataille sans qu'ils sussent où on les menait.* Un des deux exemplaires exposés présente le passage du privilège relatif à la traduction de la *Thébaïde.*

**77**. Pulchérie, comédie héroïque. *Paris, Guillaume de Luyne,* 1673, in-12.

Cette pièce fut jouée au théâtre du Marais, le 15 novembre 1672.

**78**. Surena, général des Parthes, tragédie. *Paris, Guillaume de Luyne,* 1675, in-12.

Cette pièce, la dernière de Corneille, fut jouée vers la fin de l'année 1674.

## Pièces de théâtre auxquelles Corneille a collaboré.

**79**. Psiché, tragédie-ballet, par I. B. P. Molière. *Paris, Pierre Le Monnier*, 1671, in-12.

Édition originale de cette pièce, jouée le 16 janvier 1671. L'avis au lecteur indique la part que Corneille y a prise : «... M. Quinault a fait les paroles qui s'y chantent en musique à la réserve de la plainte italienne (1). M. Molière a dressé le plan de la pièce et réglé la disposition... ; quant à la versification, il n'a pas eu le loisir de la faire entière... Ainsi il n'y a que le prologue, le premier acte, la première scène du second, et la première du troisième, dont les vers soient de lui. M. Corneille a employé une quinzaine au reste (plus de 1100 vers)... »

**80**. La Comédie des Tuileries, par les cinq autheurs. *Paris, Augustin Courbé*, 1638, in-4.

Les cinq auteurs qui collaboraient sous la direction du cardinal de Richelieu étaient: Boisrobert, Colletet, Corneille, l'Estoile et Rotrou. Le troisième acte de la pièce, qui fut jouée le 4 mars 1635, est attribué à Corneille.

**81**. L'Aveugle de Smyrne, tragi-comédie, par les cinq autheurs. (*Paris*), *Augustin Courbé*, 1638, in-4.

Il n'est pas certain que Corneille ait collaboré à cette pièce, malgré la mention : *Par les cinq autheurs* qui se lit sur le titre.

**82-83**. La Comédie des Tuileries. *S. l. n. d.* (*Paris, Augustin Courbé*, 1638), in-12. — L'Aveugle de Smyrne, tragi-comédie. *S. l. n. d.* (*Paris, Augustin Courbé*, 1638), in-12.

(1) Attribuée à Lully, qui composa les airs.

Les éditions in-12 de ces deux comédies se trouvent dans un recueil de comédies, revêtu d'une jolie reliure du temps en maroquin rouge doré à petits fers, qui a appartenu à Huet.

## Ouvrages de piété.

**84-85.** L'Imitation de Jésus-Christ, traduite en vers françois, par P. Corneille. *Rouen, Laurens Maurry, et Paris, Charles de Sercy*, 1651, in-12.

Première édition du premier fragment de l'*Imitation* traduit par Corneille. Cette édition ne renferme que les 20 premiers chapitres du livre Ier. Un second exemplaire est placé dans la vitrine réservée aux livres communiqués par la Bibliothèque Sainte-Geneviève.

**86.** L'Imitation de Jésus-Christ, traduite et paraphrasée en vers françois, par P. Corneille. Première (-Dernière) partie. *Imprimé à Rouen par L. Maurry. Paris, Robert Ballard,* 1656, in-12, 2 vol.

Cette édition renferme la traduction des quatre livres de l'*Imitation*. C'est la première édition complète. Figures de Campion et de Chauveau gravées par David.

**87-88.** L'Imitation de Jésus-Crist, traduite et paraphrasée en vers françois, par P. Corneille. *Imprimé à Rouen par L. Maurry. Paris, Robert Ballard,* 1656, in-4.

L'un des exemplaires exposés est ouvert au frontispice gravé, l'autre est ouvert au titre. Un troisième exemplaire se trouve dans la vitrine réservée aux livres et aux manuscrits communiqués par la Bibliothèque Sainte-Geneviève.

Les figures qui se trouvent en tête de chaque livre sont de Chauveau.

**89.** L'Imitation de Jésus-Christ, traduite et paraphrasée en vers françois, par P. Corneille. *Imprimé* *à Rouen par L. Maurry. Paris, André Soubron,* 1656, in-4.

Cet exemplaire de l'édition in-4 de 1656 porte le nom d'un des libraires associés au privilège cédé à Ballard par Corneille.

**90**. L'Imitation de Jésus-Christ, texte latin suivi de la traduction de P. Corneille. *Paris, Imprimerie impériale,* 1855, gr. in-fol.

Cette édition monumentale, tirée à 103 exemplaires, a été publiée à l'occasion de l'Exposition universelle de 1855.

**91**. Louanges de la Sainte Vierge, composées en rimes latines par S. Bonaventure, et mises en vers françois par P. Corneille. *Rouen (imprimé par L. Maurry), et Paris, Gabriel Quinet,* 1665, in-12.

Le frontispice gravé est signé *Ludovic. Cossinus.* L'avis au lecteur mis par Corneille en tête de cet ouvrage débute ainsi : « Cette pièce se trouve imprimée sous le nom de saint Bonaventure, à la fin de ses œuvres. Plusieurs doutent si elle est de lui... »

**92**. L'Office de la Sainte Vierge, traduit en françois, tant en vers qu'en prose, avec les sept Pseaumes penitentiaux, les vespres et complies du dimanche, et tous les Hymnes du Bréviaire romain, par P. Corneille. *Paris, Robert Ballard,* 1670, in-12.

Cet ouvrage est orné de 10 figures tirées sur des feuillets séparés.

**93**. L'Office de la Sainte Vierge, traduit en françois, tant en vers qu'en prose, avec les sept Pseaumes pénitentiaux, les vespres et complies du dimanche et tous les Hymnes du Bréviaire romain, par P. Corneille. *Paris, Robert Ballard et Thomas Jolly,* 1670, in-12.

**94**. Version des Hymnes de saint Victor. (*Paris, vers* 1680), in-4.

Le présent exemplaire appartient à la Bibliothèque de l'Institut. Les trois hymnes traduites du latin par P. Corneille sont de Santeul.

## Ouvrages divers de Corneille publiés à part.

* Remercîment à Monseigneur Monseigneur l'Eminentissime cardinal Mazarin. *Paris, Antoine de Sommaville et Augustin Courbé,* 1643, in-4.

Ce remercîment fut intercalé dans l'édition originale de la *Mort de Pompée*. Il parut aussi à part. On en trouve un exemplaire, suivi de la traduction latine de *Remius*, dans le recueil renfermant la *Défense du Cid* (nº 109) qui est exposé dans la vitrine réservée aux livres de la Bibliothèque Sainte-Geneviève.

**95**. A Monseigneur le duc de Guise, sur la mort de Monseigneur son oncle, sonnet. *Paris,* 1664, in-fol. plano.

Il s'agit ici de Louis-Joseph, fils de Louis de Lorraine, héritier du fils de son oncle, Henri II, duc de Guise mort le 2 juin 1664.

**96**. Au Roy, sur la conqueste de la Franche-Comté. (*Paris*), 1668, in-4.

Les vers latins imprimés en regard du sonnet de Corneille sont de Santeul.

**97**. Observations de Monsieur Menage sur la langue françoise. *Paris, Claude Barbin,* 1672, in-12.

C'est à la fin de cet ouvrage, dans les *Additions et changements*, pages 462 et 465, que sont cités les seuls vers connus de la traduction française de la *Thébaïde* de Stace par Corneille. On a vu plus haut (n° 75) que le privilège accordé à Corneille pour *Tite et Berenice* était valable en même temps pour cette traduction, dont tout au moins une partie semble avoir été imprimée, puisque Ménage en cite deux passages avec indication des pages. Jusqu'ici, néanmoins, aucun exemplaire n'a pu en être retrouvé. La date de l'impression de ce poème ne pourrait être d'ailleurs placée qu'en 1671, le privilège de *Tite* étant du dernier jour de 1670 et l'ouvrage de Ménage ayant été publié au commencement de 1672. — Voici les vers cités dans les *Observations sur la langue française :*

Page 462 :

Où qu'il jette la vue il voit briller des armes.

Page 465 :

Dont autrefois le sphinx, ce montrueux oiseau,
Avoit pour son repaire envahi le coupeau.

C'est à cette dernière page qu'est ouvert l'exemplaire exposé, lequel est relié aux armes du duc de Montausier.

**98**. Les Victoires du Roy sur les Estats de Hollande, en l'année M. DC. LXXII, par P. Corneille. *Paris, Guillaume de Luyne*, 1672, in-fol.

Cette pièce a été traduite du poème latin du P. de la Rue intitulé : *Ludovico magno post expeditionem Batavicam, Epinicium. Parisiis,* 1672, in-fol. Le fleuron de la page 3 est de Chauveau.

**99**. Vers présentez au Roy sur sa campagne de 1676. *Paris, Guillaume de Luyne,* 1676, in-4.

**100**. Sur les victoires du Roy. En l'année 1677. (*Paris,* 1677), in-4.

**101**. Au Roy, sur la Paix de 1678. (*Paris*), *imprimerie de Pierre le Petit,* in-fol.

**102**. A Monseigneur, sur son Mariage. (*Paris,* 1680), in-fol.

Pièce écrite à l'occasion du mariage du Dauphin.

**103**. Poésies choisies de Messieurs Corneille, Benserade, de Scudéry, Boisrobert, Sarrasin, Desmarets, Bertaud, S. Laurent, Colletet, La Mesnadière, de Montereuil, Vignier, Chevreau, Malleville, Tristan, Testu, Maucroy, de Prade, Girard, de l'Age. Et plusieurs autres. *Paris, Charles de Sercy,* 1653, in-12.

Parmi les nombreux recueils contenant des pièces de Corneille, on a exposé de préférence le Recueil dit *de Sercy* (première édition), qui est le plus célèbre et qui de plus porte le nom de Corneille en tête des auteurs nommés sur le titre.

## Pièces diverses concernant le Cid.

**104**. Excuse à Ariste. (*Paris,* 1637,) in-8.

Cette épître de Corneille fut un des prétextes de la querelle à laquelle *le Cid* a donné lieu. Différentes pièces pour et contre Corneille écrites par divers auteurs au cours de ce grand procès littéraire sont exposées sous les numéros 105-129. Dans l'*Excuse à Ariste* se trouvent les vers suivants :

Pour me faire admirer je ne fais point de ligue :
J'ai peu de voix pour moi, mais je les ai sans brigue ;
Et mon ambition, pour faire plus de bruit,
Ne les va point quêter de réduit en réduit ;
Mon travail sans appui monte sur le théâtre,
Chacun en liberté l'y blâme ou l'idolâtre ;
Là, sans que mes amis prêchent leurs sentiments,
J'arrache quelquefois trop d'applaudissements ;
Là, content du succès que le mérite donne,
Par d'illustres avis je n'éblouis personne :
Je satisfais ensemble et peuple et courtisans,
Et mes vers en tous lieux sont mes seuls partisans ;
Par leur seule beauté ma plume est estimée :
Je ne dois qu'à moi seul toute ma renommée,
Et pense toutefois n'avoir point de rival
A qui je fasse tort en le traitant d'égal.

Ces beaux vers où se montre un orgueil légitime chez celui qui venait d'écrire *le Cid,* soulevèrent contre Corneille ses rivaux et ses ennemis, qui s'y sentirent tous atteints en plus d'un passage.

* Excuse à Ariste. (*Paris*, 1637), in-4.

Un exemplaire de cette édition in-4 de l'*Excuse à Ariste* fait partie du Recueil renfermant la *Deffense du Cid* (nº 109) exposé dans la vitrine réservée aux livres communiqués par la Bibliothèque Sainte-Geneviève. Cet exemplaire porte de nombreuses notes manuscrites.

**105**. L'Auteur du vrai Cid espagnol à son traducteur françois. Sur une lettre en vers qu'il a fait imprimer, intitulée *Excuse à Ariste*, où, après cent traicts de vanité, il dit de soy-même : « Je ne dois qu'à moy seul toute ma renommée. » (*Paris*, 1637), in-8.

Cette pièce attribuée à Mairet paraît être le premier pamphlet dirigé par les ennemis de Corneille contre le *Cid*.

* Rondeau [par Corneille]. *S. l. n. d.*, in-4.

Ce rondeau est à l'adresse de Mairet, à qui Corneille attribuait, probablement avec raison, le pamphlet précédent. Cette pièce fait partie du Recueil renfermant la *Deffense du Cid* (nº 109), que l'on trouve exposé dans la vitrine réservée aux livres de la Bibliothèque Sainte-Geneviève.

**106**. Observations sur le Cid. *Paris, aux despens de l'autheur*, 1637, in-8.

Première édition des célèbres *Observations* de Scudéry.

**107**. Observations sur le Cid. Ensemble l'Excuse à Ariste et le Rondeau. *Paris, aux despens de l'autheur*, 1637, in-8.

Deuxième édition de l'ouvrage de Scudéry.

**108**. Les Fautes remarquées en la tragicomédie du Cid. *Paris, aux despens de l'autheur*, 1637, in-8.

C'est, avec un autre titre, le même ouvrage que celui qui est exposé sous les deux numéros précédents.

**109**. La Deffense du Cid. *Paris*, 1637, in-4.

Le fleuron qui se voit sur le titre est, comme le fait remarquer avec raison M. Picot, celui de Laurens Maurry, l'imprimeur de Rouen, ce qui peut faire supposer que la *Deffense du Cid* a été écrite sous l'inspiration de Corneille. Un autre exemplaire, appartient à la Bibliothèque Sainte-Geneviève et se trouve exposé dans la vitrine réservée aux livres communiqués par cette bibliothèque. — L'espace a manqué pour exposer l'exemplaire de la Bibliothèque nationale.

**110-111**. Lettre apologétique du Sr Corneille, contenant sa response aux observations faictes par le Sr Scuderi sur le Cid. 1637, in-8.

Un second exemplaire est exposé dans la vitrine où ont été placés les livres communiqués par la Bibliothèque Sainte-Geneviève.

**112**. La Voix publique. A monsieur de Scudery sur les Observations du Cid. *Paris*, 1637, in-8.

**113**. L'incognu et veritable amy de Messieurs de Scudery et Corneille. 1637, in-8.

M. Marty-Laveaux, dans sa belle édition des Œuvres de Corneille, t. III, p. 26, pense qu'il est impossible d'attribuer, ainsi que le fait Niceron, cet écrit à Rotrou, malgré les initiales D. R. dont il est signé.

**114**. Le Souhait du Cid en faveur de Scudery. Une paire de lunettes pour faire mieux ses observations. 1637, in-8.

Ce pamphlet dirigé par un ami de Corneille contre Scudéry est signé *Mon Ris*.

**115**. Lettre du sieur Claveret au sieur Corneille, soy disant autheur du Cid. *Paris*, 1637, in-8.

* Lettre du sieur Claveret à Monsieur de Corneille. *S. l. n. d.*, in-8.

Pièce différente de celle qui est mentionnée au numéro précédent. Elle fait partie d'un recueil qui contient la *Lettre de M. de Scudéry* (n° 119).

**116.** L'Amy du Cid à Claveret. *Paris,* 1637, in-8.

M. Marty-Laveaux pense que cette pièce, attribuée à tort à Corneille par Niceron, pourrait du moins avoir été écrite sous son influence.

**117.** Lettre à *** sous le nom d'Ariste.

Ce n'est donc pas assez, et de la part des Muses,
Ariste, c'est en vers qu'il vous faut des excuses,
Mais la mienne pour vous n'en plaint pas la façon.
Cent vers lui coustent moins que deux mots de chanson, etc.

(*Paris,* 1637), in-8.

Niceron attribue cette lettre à Mairet.

**118.** Lettre pour Monsieur de Corneille contre les mots de la Lettre sous le nom d'Ariste. Je fis donc résolution de guérir ces idolâtres. (*Paris,* 1637), in-8.

Pièce attribuée à Corneille par Niceron.

**119.** Lettre de Mr de Scudery à l'Illustre Académie. *Paris, Antoine de Sommaville,* 1637, in-8.

Requête adressée par Scudéry à l'Académie afin d'obtenir de l'illustre Compagnie un jugement en forme contre le *Cid.*

* Paraphrase de la Devise de l'Observateur

Et poète et guerrier
Il aura du laurier.

ou Commentaire de ces mots : *Soit qu'il m'attaque en soldat maintenant qu'il est obligé de l'estre, soit qu'il m'attaque en écrivain,* etc., page 10 de la Lettre à l'Illustre Académie. *S. l. n. d.*, in-4 plano.

Cette pièce, que M. Picot est disposé à attribuer à Corneille, fait partie du Recueil renfermant la *Deffense du Cid* (no 109) qui se trouve exposé dans la vitrine réservée aux livres de la Bibliothèque Sainte-Geneviève.

**120.** La Preuve des Passages alléguez dans les Observations sur le Cid. A Messieurs de l'Académie. Par Mr de Scudery. *Paris, Antoine de Sommaville,* 1637, in-8.

**121**. Epistre aux Poëtes du temps sur leur querelle du Cid. *Paris*, 1637, in-8.

**122**. Discours à Cliton sur les Observations du Cid; avec un Traicté de la disposition du poëme dramatique, et de la prétendue règle de vingt-quatre heures. *Paris, imprimé aux despens de l'autheur* (1637), in-12.

**123**. Examen de ce qui s'est fait pour et contre le Cid; avec un Traicté de la disposition du poëme dramatique et de la prétendue règle de vingt-quatre heures. *Paris, imprimé aux despens de l'autheur* (1637) in-8.

Même ouvrage que le numéro précédent.

**124**. Le Jugement du Cid composé par un bourgeois de Paris, marguillier de sa paroisse. (*Paris,* 1637), in-8.

**125**. Épistre familière du Sr Mayret au Sr Corneille sur la tragi-comédie du Cid. *Paris, Anthoine de Sommaville,* 1637, in-8.

Ce pamphlet est daté du 4 juillet 1637.

* Apologie pour Monsieur Mairet contre les calomnies du sieur Corneille de Rouen. 1637, in-4.

Cette pièce se trouve dans le Recueil renfermant la *Deffense du Cid* (n° 109) qui est exposé dans la vitrine réservée aux livres appartenant à la Bibliothèque Sainte-Geneviève.

**126**. Lettre de Monsieur de Balzac à Monsieur de Scudery touchant ses Observations sur le Cid. *S. l. n. d.*, in-8.

* Lettre de Mr de Balzac à Mr de Scudery, sur ses Observations du Cid. Et la Response de Mr de Scudery à Mr de Balzac. Avec la lettre de Mr de Scudery à Messieurs de l'Académie françoise, sur le jugement qu'ils ont fait du Cid, et de ses Observations. *Paris, Antoine de Sommaville*, 1638, in-8.

Cette pièce est reliée dans le même recueil que la *Lettre de Mr de Scudéry* (n° 119).

**127**. Les Sentimens de l'Académie françoise sur la question de la tragicomédie du Cid.

Manuscrit original, de la main de Chapelain, avec des apostilles du cardinal de Richelieu. (Fonds français, n° 15045.)

**128-129**. Les Sentiments de l'Académie Françoise sur la tragi-comédie du Cid. *Paris, Jean Camusat*, 1638, in-8.

Ce jugement de l'Académie fut rédigé par Chapelain dont le manuscrit autographe fait l'objet du numéro précédent. Un second exemplaire des *Sentiments de l'Académie*, imprimé sur grand papier, est exposé dans la vitrine réservée aux livres de la Bibliothèque Sainte-Geneviève.

En terminant cette longue énumération des pièces publiées à l'occasion de la querelle du *Cid*, on peut rappeler les vers de Boileau :

> En vain contre le Cid un ministre se ligue :
> Tout Paris pour Chimène a des yeux de Rodrigue.
> L'Académie en corps a beau le censurer :
> Le public révolté s'obstine à l'admirer.

## Principales éditions collectives des œuvres de Corneille publiées au XVIIe et au XVIIIe siècle.

**130-131**. Œuvres de Corneille. Première partie. *Imprimé à Rouen (par Laurens Maurry). Paris, An-*

*toine de Sommaville et Auguste Courbé*, 1644, in-12.

Première édition collective du théâtre de Corneille. En tête se trouve un portrait de Corneille gravé par Michel Lasne et un frontispice gravé portant la date 1645. Cette édition renferme huit pièces : *Melite, Clitandre, la Veuve, la Galerie du palais, la Suivante, la Place Royale, Médée, l'Illusion comique.* La seconde partie de la présente édition de 1644 n'a pas été publiée. Deux exemplaires sont exposés. L'un est ouvert au titre et l'autre présente le portrait et le frontispice.

**132.** L'Illustre Théâtre de Mons[r] Corneille. *Leyden*, 1644, pet. in-12.

Recueil factice composé des cinq pièces suivantes imprimées par Bonaventure et Abraham Elzevier : *le Cid, Horace, Cinna, Polyeucte, la Mort de Pompée.* M. Picot ne cite que cinq exemplaires de ce recueil. Celui qui est exposé ici a appartenu au marquis de Coislin et est relié à ses armes. Il a 128 millimètres de hauteur.

**133.** Œuvres de Corneille. Première (-Seconde) partie. *Imprimé à Rouen. Paris, Toussainct Quinet*, 1648, in-12, 2 vol.

En tête de cette édition se trouvent le portrait de Corneille par Michel Lasne et le frontispice gravé portant la date de 1645. La première partie renferme les mêmes pièces que le tome Ier (seul publié) de l'édition de 1644 (voyez ci-dessus les numéros 130-131). La seconde partie contient sept pièces : *le Cid, Horace, Cinna, Polyeucte, Pompée, le Menteur, la Suite du Menteur.*

**134.** Œuvres de Corneille. Première (-Troisième) partie. *Imprimé à Rouen (par Laurens Maurry). Paris, Antoine de Sommaville*, 1652, in-12, 3 vol.

En tête se trouvent le portrait de Corneille et le frontispice gravé daté de 1645. Les deux premières parties renferment les pièces qui sont dans l'édition précédente. La troisième partie contient : *Théodore, Rodogune, Héraclius.*

**135.** Œuvres de Corneille. Première (Troisième) partie. *Imprimé à Rouen (par Laurens Maurry). Paris, Augustin Courbé*, 1654, in-12, 3 vol.

Au commencement se trouve le portrait de Corneille. Le frontispice gravé porte la date de 1654. Cette édition diffère de la précédente, quant au contenu des volumes, par le tome III^e^ qui, outre *Théodore, Rodogune* et *Héraclius*, renferme en plus ; *Andromède, D. Sanche, Nicomède* et *Pertharite*. L'exemplaire de la Bibliothèque nationale comprend une quatrième partie contenant des pièces de Thomas Corneille.

**136**. Le Théâtre de Corneille, auquel se voyent les plus belles pièces qu'il a faites : scavoir : le Cid, le Cinna, le Polieucte, les Horaces, la Mort de Pompée, la Rodogune, l'Heraclius ou Mort de Phocas, le Menteur, la Suite du Menteur, le Don Sanche. *S. l. n. d.*, pet. in-8.

M. Picot ne connaît que trois exemplaires de ce volume qui paraît être une contrefaçon imprimée en province vers 1655.

**137**. Le Théâtre de P. Corneille, reveu et corrigé par l'autheur. I (-III) partie. *Imprimé à Rouen (par Laurens Maurry). Paris, Augustin Courbé et Guillaume de Luyne*, 1660, in-8, 3 vol.

Dans une lettre à l'abbé de Pure, dont l'original est exposé sous le numéro 165, Corneille parle de la publication de cette édition pour laquelle il écrivit, sous forme de préfaces placées au commencement de chacun des volumes, trois discours où il traite les principales questions de l'art poétique appliqué au théâtre :

I. *Discours de l'Utilité et des Parties du poëme dramatique.*

II. *Discours de la Tragédie et des moyens de la traiter selon le vray-semblable ou le nécessaire.*

III. *Discours des trois Unitez d'Action de Jour et de Lieu.*

Cette édition, qui contient les *Examens* consacrés par Corneille à la critique de ses pièces, est ornée de trois frontispices placés en tête des volumes, et chaque pièce y est accompagnée d'une figure. Le tome I^er^ contient huit pièces (*Mélite* à l'*Illusion*), le tome II, également huit (le *Cid* au *Menteur*) et le tome III n'en contient que sept (*Rodogune* à *Œdipe*).

**138**. Le Théâtre de P. Corneille, reveu et corrigé par l'autheur. I (-II) partie. *Imprimé à Rouen (par L. Maurry), et Paris, Guillaume de Luyne*, 1663, in-fol., 2 vol.

En tête du tome Ier se trouvent un portrait de Corneille e un frontispice représentant son buste, dessinés par A. Paillet et gravés par G. Vallet. Cette édition contient les *Discours* et les *Examens*. L'auteur, dans l'Avis au lecteur, expose son nouveau système orthographique. Le théâtre de Corneille s'y trouve jusqu'à la *Toison d'Or*.

**139**. Le Théâtre de P. Corneille, reveu et corrigé par l'autheur. I (-II) partie. *Imprimé à Rouen (par L. Maurry), et Paris, Thomas Jolly*, 1664, in-fol. 2 vol.

Même édition que la précédente, sauf la date.

**140**. Le Théâtre de P. Corneille, reveu et corrigé par l'autheur. I (-IV) partie. *Rouen (imprimé par L. Maurry), et Paris, Thomas Jolly*, 1664, in-8, 4 vol.

Frontispices gravés. Cette édition contient le théâtre de Corneille jusqu'à *Othon*.

**141**. Le Théâtre de P. Corneille, reveu et corrigé, et augmenté de diverses pièces nouvelles. I (-IV) partie. *Suivant la copie imprimée à Paris*, 1664, petit in-12, 4 vol.

Dans cette édition, exécutée à Amsterdam par Abraham Wolfgang, chaque pièce est précédée d'une figure et a un titre et une pagination séparée. Chacun des volumes est orné d'un frontispice gravé. Portrait de Corneille en tête du premier.

**142**. Le Théâtre de P. Corneille, reveu et corrigé par l'autheur. I (-IV) partie. *Rouen (imprimé par L. Maurry), et Paris, Guillaume de Luyne,* 1668, in-12, 4 vol.

Cette édition contient le théâtre de Corneille jusqu'à *Attila*.

**143-144.** Le Théâtre de P. Corneille, reveu et corrigé par l'autheur. I (-IV) partie. *Paris, Guillaume de Luyne*, 1682, in-12, 4 vol.

C'est la dernière édition publiée du vivant de Corneille et par conséquent la plus importante de toutes au point de vue du texte. Elle renferme les 32 pièces de Corneille, de *Mélite* à *Suréna*. En tête se trouve un portrait de Corneille. Chaque volume est orné d'un frontispice gravé.

Deux exemplaires du tome Ier sont exposés. L'un est ouvert au titre, et l'autre est fermé de manière à présenter sa reliure en maroquin rouge aux armes d'Élisabeth-Charlotte de Bavière, duchesse d'Orléans (la princesse Palatine).

**145-146.** Le Théâtre de P. Corneille, reveu et corrigé par l'autheur. I (-V) partie. *Paris, Guillaume de Luyne*, 1692, in-12, 5 vol.

Édition revue et publiée par Thomas Corneille. Un exemplaire du tome Ier est ouvert au titre; un second exemplaire, ayant appartenu à Huet et relié à ses armes, est exposé à côté du premier.

**147.** Le Théâtre de P. Corneille, nouvelle édition. *Paris, David l'aîné*, 1738, in-12, 5 tomes en 6 volumes.

Cette édition, publiée par F.-A. Jolly, censeur royal, est la première qui fournisse des renseignements sur l'époque où chaque pièce a été représentée et imprimée.

**148.** Œuvres diverses de Pierre Corneille. *Paris, Gissey*, 1738, in-12.

Ce recueil est édité par l'abbé François Granet. La *Défense du grand Corneille*, par le P. Tournemine, est imprimée à la suite de la préface.

**149-150.** Œuvres de P. Corneille. *Paris, Bauche*, 1758, in-12, 10 vol.

Deux exemplaires sont exposés, dont un, relié en maroquin rouge, aux armes de Marie-Antoinette, porte le nom du libraire Desprez.

**151.** Théâtre de Pierre Corneille, avec des commentaires (par Voltaire). *Genève*, 1764, in-8, 12 vol.

Première édition du Théâtre de Corneille accompagné des commentaires de Voltaire. C'est au profit de Mlle Corneille que Voltaire publia cette édition. Le frontispice est de *Plater* et les figures de Gravelot.

**152.** Théâtre de Corneille, avec des commentaires et autres morceaux intéressants. Nouvelle édition augmentée. *Genève*, 1774, in-4, 8 vol.

Réimpression de l'édition précédente. Les gravures de Gravelot ont été entourées d'un encadrement nécessité par le format de cette édition.

**153.** Les Chef-d'œuvres (*sic*) de P. Corneille, savoir : le Cid, Horace, Cinna, Polyeucte, Pompée, Rodogune, avec le Jugement des Savans à la suite de chaque pièce. Nouvelle édition. *Oxford, Jacques Fletcher*, 1746, in-8.

Édition publiée par J.-G. Dupré.

**154.** Les Chef-d'œuvres (*sic*) dramatiques de Mrs Corneille, avec le Jugement des Savans à la fin de chaque pièce. *Oxford* (vers 1750), in-4, 2 vol.

La justification est celle du format in-8, mais le présent exemplaire est tiré dans le format in-4.

**155-156.** Théâtre choisi de P. Corneille. *Paris, impr. de Didot aîné*, 1783, in-4, 2 vol.

Deux exemplaires de ce chef-d'œuvre typographique sont exposés. L'un d'eux est relié aux armes de Mme Victoire, fille de Louis XV.

**157.** Les Chefs-d'œuvre de P. Corneille. *Paris, P. Didot l'aîné*, 1814, in-8, 3 vol.

Cette édition fait partie de la *Collection des meilleurs ouvrages de la langue française, dédiée aux amateurs de l'art typographique*. Le présent exemplaire est imprimé sur vélin.

**158**. L'Esprit du grand Corneille, ou Extrait raisonné de ceux des ouvrages de Corneille qui ne font pas partie du recueil de ses chefs-d'œuvre dramatiques, pour servir de supplément à ce recueil et au commentaire de Voltaire, par M. le comte François de Neufchâteau, etc. *Paris*, *Pierre Didot*, 1819, in-8.

Exemplaire imprimé sur vélin.

## Pièces et documents sur Corneille.

**159**. Herodiani historiarum libri VIII. *Lugduni*, 1611, in-8.

Volume relié aux armes de Luynes et donné, en 1618, comme second prix de versification latine à Pierre Corneille, alors élève de troisième au collège des jésuites, à Rouen. — En tête du volume se lit cette attestation : « Hunc librum in secundum strictæ orationis latinæ præmium, in tertia classe collegii Rothomagensis Societatis Jesu, meritus et consequutus est Petrus Corneille, eoque publice donatus splendidissimo in theatro, ex liberalitate ac munificentia nobilissimi et D. D. de Luynes, anno Domini MDCXVIII, XII februarii. »

MM. Bouquet et Gaston Le Breton ont bien voulu nous signaler un autre prix de Corneille qui avait été envoyé à la récente exposition rétrospective de Rouen par M. Rémy Corneille, conseiller référendaire à la Cour des comptes. C'est un exemplaire de la *Notitia utraque dignitatum* (Lyon, 1608, in-folio), relié aux armes d'Ornano et au commencement duquel on lit ce certificat :

« Hunc librum in primum strictæ orationis latinæ præmium, in prima classe collegii Rothomagensis Societatis Jesu, meritus et consequutus est Petrus Corneille, eoque publice donatus splendidissimo in theatro ex liberalitate et munificentia nobilissimi et generosissimi D. D. d'Ornano, anno Domini MDCXX, quod ego infra scriptus studiorum præfectus testor. VII septembris. MATHÆVS HARDY.

Corneille remporta donc un second prix de versification latine dans la classe de troisième, en 1618, et un premier prix de versification latine dans la classe de rhétorique, en 1620. Ainsi c'est à cette dernière date qu'il aurait terminé ses études de latin, ce qui s'accorde parfaitement avec le passage d'une lettre du 6 mars 1649, où Corneille, envoyant à M. de Zuylichem quelques vers latins, s'excuse de « cette échappée en une langue qu'il y a trente ans que j'ai oubliée ». Néanmoins il est certain que Corneille ne cessa jamais de cultiver la poésie latine. On a conservé une pièce de vers latins qu'il composa en 1633 en l'honneur de Louis XIII et du cardinal de Richelieu.

* Documents divers relatifs à la pièce du *Cid*, en 1637.

Voyez plus haut, n[os] 104-129.

**160**. Lettre autographe de Corneille, adressée de Rouen, le 18 mai 1646, à M. d'Argenson, intendant en Saintonge.

Le cachet porte les armoiries de Corneille.

Il est question dans cette lettre de la défense du *Cid*, par Balzac, et des compliments que d'Argenson avait faits à Corneille au sujet de *Cinna* et de *Polyeucte*.

**161**. Billet adressé le 25 août 1649 à M. Dubuisson pour lui envoyer un livre de Paul Dudé, médecin de Montargis.

Ce billet, signé Corneille et daté de Nemours, se lit sur le feuillet de garde d'un volume de la Bibliothèque Sainte-Geneviève. Il a été attribué à Pierre Corneille et publié sous son nom dans le recueil des Œuvres. Cette attribution n'est point justifiée. On pourra s'en convaincre en comparant le billet avec les lettres authentiques qui figurent à l'Exposition.

**162**. Lettre autographe de Corneille, adressée de Rouen le 30 mars 1652 au père Boulart, religieux de Sainte-Geneviève.

Cette lettre est principalement relative aux gravures qu devaient être jointes à la traduction de l'*Imitation*. Il y est question du compte que Corneille devait rendre en qualité de marguillier de Saint-Sauveur de Rouen.

Le volume de la Bibliothèque Sainte-Geneviève, dans lequel

cette lettre est reliée, contient encore trois autres lettres de Corneille, toutes les trois adressées au Père Boulart, le 12 et le 23 avril 1652 et le 10 juin 1656.

**163**. Compte rendu par Pierre Corneille, comme trésorier en exercice de la fabrique de l'église de Saint-Sauveur de Rouen, pour l'année finissant le jour de Pâques 1652.

Ce compte, entièrement écrit de la main de Corneille, est conservé aux archives du département de la Seine-Inférieure. On a exposé une héliogravure de la première page et des signatures de la pièce, héliogravure qui fait partie de la planche LVIII (article 160) du *Musée des archives départementales.*

**164**. Lettre autographe de Corneille, adressée de Rouen, le 12 mars 1659, à l'abbé de Pure.

Relative presque en entier à la nouvelle représentation d'*Œdipe*.

**165**. Lettre autographe de Corneille, adressée de Rouen, le 25 août 1660, à l'abbé de Pure.

Au sujet de vers latins composés par l'abbé de Pure, et des trois préfaces que Corneille achevait en ce moment sur les principales questions de l'art poétique.

**166**. Lettre autographe de Corneille, adressée de Rouen, le 3 novembre 1661, à l'abbé de Pure.

Elle roule à peu près uniquement sur la tragédie de *Sertorius,* dont Corneille avait déjà composé deux actes et qui fut représentée en 1662.

**167**. Lettre autographe de Corneille, adressée de Rouen, le 25 avril 1662, à l'abbé de Pure.

Il y est question des débuts d'une actrice, Mlle Marotte, et de l'état des deux théâtres du Marais et de l'hôtel de Bourgogne.

**168**. Lettre de Chapelain à Corneille, en date du 4 octobre 1662.

Félicitations pour la tragédie de Sertorius. — Cette lettre

fait partie du registre original de la correspondance de Chapelain (ms. français 1887 des Nouv. acq.), qui renferme, à la date du 30 mars 1661, une autre lettre relative au projet de faire entrer un fils de Corneille chez la duchesse de Nemours en qualité de page.

**169.** Manuscrit, réputé autographe, de la traduction en vers que Corneille composa des *Hymnes de sainte Geneviève*, entre les années 1660 et 1665.

Cette pièce appartient à la Bibliothèque Sainte-Geneviève. Suivant une ancienne note, elle aurait été écrite de la main même de Corneille; mais on n'y retrouve pas les traits caractéristiques de l'écriture du poète. — Quoi qu'on en ait dit, il faut aussi renoncer à considérer comme autographe l'exemplaire manuscrit des vers de Corneille sur le mariage du Dauphin, en 1680, qui est relié dans le ms. français 12763 et qu'il a paru inutile de faire figurer à l'Exposition.

**170.** Dédicace écrite de la main de Corneille au revers du titre d'un exemplaire de son *Théâtre* (édition in-folio de l'année 1664), qu'il offre comme témoignage de sa reconnaissance aux jésuites, ses anciens maîtres.

Cet exemplaire est aujourd'hui conservé à la Bibliothèque de l'Université. La dédicace est ainsi conçue :

*Patribus Societatis Jesu*
*colendissimis præceptoribus suis*
*grati animi pignus.*
D. D. Petrus Corneille.

Dii, majorum umbris tenuem et sine pondere terram,
Qui præceptorem sancti voluere parentis
Esse loco...

Corneille, en empruntant ce passage à la septième satire de Juvénal, a omis le second vers :

Spirantes crocos et in urna perpetuum ver.

**171.** Compte des bâtiments du roi pour l'année 1665.

Le chapitre de ce compte intitulé : « Pensions et gratifications aux gens de lettres, » commence par un article ainsi conçu : « Au sieur Corneille, en considération des beaux ouvrages qu'il a donnez au théâtre et pour luy donner moien de les continuer, 2,000 livres. » — En marge, Colbert a mis le mot *Bon*.

**172.** Cahiers de remarques sur l'orthographe françoise, pour estre examinez par chacun de Messieurs de l'Académie. *S. l. n. d.*, in-4.

Exemplaire de Huet, portant des notes de sa main. A la page 63, article V, commence la proposition de Corneille au sujet de l'emploi de l'*s* ronde et de l'*s* longue.

**173.** Observations de l'Académie sur l'orthographe de la langue française.

Ms. original sur lequel différents académiciens ont consigné leurs observations. Une édition en a été donnée en 1863 par M. Marty-Laveaux sous le titre de *Cahiers de remarques sur l'orthographe françoise.*

Le volume est ouvert au passage dans lequel est indiqué le système imaginé par Corneille pour distinguer l'*s* muette de l'*s* sifflante : il aurait voulu qu'on employât le caractère rond aux endroits où la lettre siffle, et le caractère allongé aux endroits où elle est muette. — En regard de l'observation sont des remarques écrites par Perrault, Segrais, Doujat et Bossuet. En voici le texte :

« Je ne suis point de cet advis et osterois cet article. » (PERRAULT.)

« L'usage en seroit bon, mais l'innovation en est dangereuse. » (SEGRAIS.)

« Je n'y trouve point d'inconvénient, surtout dans l'impression, et ce n'est plus une nouveauté puisque M. de Corneille l'a pratiqué depuis plus de dix ou douze ans. » (DOUJAT.)

« Où est l'inconvénient ? Je le suivrois ainsi dans le Dictionnaire et j'en ferois une remarque expresse où j'alléguerois l'exemple de M. Corneille. Les Hollandois ont bien introduit *u* et *v* pour *u* voyelle et *v* consonne, et de mesme *i* sans queue ou avec queue. Personne ne s'en est formalisé ; peu à peu les yeux s'y accoustume[nt] et la main les suit. » (BOSSUET.)

Corneille a exposé ses idées sur l'orthographe dans l'avis qu'il a mis en tête de l'édition de son *Théâtre* imprimée en 1663. — Ce système a été pour la première fois rigoureusement appliqué dans l'édition du *Théâtre de Pierre Corneille* que M. Alphonse Pauly publie à la librairie Lemerre (in-12).

**174.** Liste de Messieurs de l'Académie françoise en janvier 1676. (*Paris*), *Pierre le Petit*, in-4.

Seul exemplaire connu de cette pièce. En tête de la page 2, on lit : « 1647. Pierre Corneille, ci-devant avocat général à la Table de Normandie, rue de Cléry. »

**175.** Lettre de Corneille à Colbert, sans date, mais apparemment de l'année 1678.

Corneille se plaint de n'avoir pas eu part, depuis quatre ans, aux gratifications dont Louis XIV honorait les gens de lettres.

**176.** Dictionnaire des bienfaits du roi.

Manuscrit relié aux armes de Louis XIV.

Les pages qui s'offrent au visiteur contiennent l'article relatif au don de l'abbaye de Notre-Dame d'Aiguevive en Touraine, que Louis XIV fit, le 20 avril 1680, à « Thomas Corneille, fils de Pierre Corneille, de l'Académie françoise ».

**177.** Acte par lequel « Pierre de Corneille, escuyer, seigneur d'Oville (1), demeurant à Paris, rue d'Argenteuil, paroisse Saint-Roch, » donne main-levée de l'opposition mise par lui entre les mains d'un débiteur du sieur de Tourville-Calué, 31 janvier 1683.

**178.** Discours prononcez à l'Académie françoise, le 2 janvier 1685. *Paris, imprimerie de Pierre le Petit*, 1685, in-4.

Aux pages 27 et suivantes de ce volume se trouve le célèbre Éloge de Corneille que prononça Racine à la réception de Thomas Corneille, choisi pour remplacer son frère à l'Académie. Le présent exemplaire est celui du grand Condé.

**179.** Nouvelles de la République des lettres. Mois de

(1) Cette seigneurie est appelée « Danville » dans plusieurs autres documents.

janvier 1685. Tome troisième. *Amsterdam, Henry Desbordes*, 1685, in-12.

C'est dans ce volume, pages 81 et suivantes, que l'on trouve la première publication de l'*Éloge de Corneille* par son neveu Fontenelle.

**180-181**. Les Hommes illustres qui ont paru en France pendant ce siècle. Avec leurs portraits au naturel. Par M. Perrault, de l'Académie françoise. *Paris, Antoine Dezallier*, 1696-1700, in-fol. 2 vol.

Deux exemplaires sont exposés, de manière à présenter : l'un, le portrait de Corneille gravé par Lubin, portrait que Jean Dassier semble avoir eu sous les yeux lorsqu'il a gravé la médaille exposée sous le n° 227; l'autre, la notice de Perrault.

**182.** Œuvres de P. Corneille. Nouvelle édition revue sur les plus anciennes impressions et les autographes, et augmentée de morceaux inédits, de variantes, de notices, de notes, d'un lexique des mots et locutions remarquables, d'un portrait, d'un fac-similé, etc., par M. Ch. Marty-Laveaux. *Paris, L. Hachette et Cie*, 1862-1868, in-8, 12 vol. et album gr. in-8.

(*Les Grands Écrivains de la France*. Nouvelles éditions publiées sous la direction de M. Ad. Regnier, membre de l'Institut.)

L'album qui accompagne cette édition, qu'on a justement qualifiée de définitive, est exposé de manière à présenter le portrait de Corneille dessiné par *Sandoz* d'après *Lebrun* et gravé par *Pannier* et *Leguay*.

**183**. Mémoire [et croquis] pour la décoration des pièces qui se représentent par les comédiens du Roy, entretenus de Sa Majesté.

Ms. daté de 1673 et provenu du duc de La Vallière. (Fonds

français, n° 24330.) Le volume est ouvert au feuillet 35, qui offre le décor de l'*Illusion comique*, quoique la légende transcrite en regard soit intitulée : « La Mélite de M. de Corneille.»

**184**. Répertoire des comédies françoises qui se peuvent jouer en 1685.

Livret relié en maroquin rouge aux armes du Dauphin. (Fonds français, n° 2509.)

Ce livret contient la distribution des rôles de plusieurs pièces de Corneille : *Cinna*, *Héraclius, le Cid, Sertorius, Rodogune, Polyeucte, Nicomède, la Mort de Pompée, Othon, le Menteur.*

**185**. Généalogie du sieur de Fontenelle et de Pierre et Thomas Corneille...

Tableau mis en tête d'un factum imprimé en 1758, et intitulé : « Mémoire pour le sieur de Lamperière de Montigny... contre Jean-François Corneille..... » In-folio.

## PORTRAITS

**186**. Portrait dessiné et gravé par *Michel Lasne*, 1643.

**187**. Le même dans un ovale, à Paris, chez *Pierre Mariette*.

**188**. Portrait gravé par *Michel Lasne*, 1644.

**189**. Portrait gravé d'après *Michel Lasne* pour le frontispice du *Temple de Gnide*.

**190**. Portrait gravé par *Guillaume Vallet* d'après *Antoine Paillet*, 1663.

**191**. Copie du portrait ci-dessus, gravée par un anonyme.

**192.** Portrait gravé par *Étienne Ficquet* d'après *Charles Lebrun.*

**193.** Copie du portrait précédent gravée par *Charles Gaucher.*

**194.** Copie du portrait précédent gravée par *D'Elvaux.*

**195.** Copie du portrait précédent gravée par *Bertonnier,* 1822.

**196.** Copie du portrait précédent gravée par *Ingouf jeune.*

**197.** Copie du portrait précédent dessinée par *Bonneville* et gravée par *J. B. Compagnie.*

**198.** Copie du portrait précédent gravée par *Bertonnier.*

**199.** Copie du portrait précédent gravée par *Ambroise Tardieu.*

**200.** Copie du portrait précédent dessinée par *A. Devéria* et gravée par *L. Delaistre,* 1823.

**201.** Copie du portrait précédent publiée par *Ménard* et *Desenne.*

**202.** Copie du portrait précédent gravée par *J. Thomson.*

**203.** Copie du portrait précédent gravée par *Charles Hopwood.*

**204.** Copie du portrait précédent dessinée par *Marckle* et gravée par *Mme Ethiou.*

**205.** Copie du portrait précédent gravée par un anonyme.

**206**. Copie du portrait précédent gravée par un anonyme.

**207**. Copie du portrait précédent gravée par un anonyme.

**208**. Portrait d'après une peinture du Musée de Versailles, dessiné par *Girardet* et gravé par *Bertonnier*.

**209**. Portrait gravé par *Jacques Lubin*, d'après *F. Sicre*, pour les *Hommes illustres* de Perrault.

**210**. Portrait gravé par *L. Cossin*, 1683, d'après le même.

**211**. Portrait gravé par *Bernard Picart*, 1715, d'après le même.

**212**. Copie du portrait ci-dessus gravée par un anonyme.

**213**. Buste de Corneille entouré de figures allégoriques, gravé par *Guillaume Vallet*, d'après *Antoine Paillet*.

**214**. Copie de l'estampe précédente gravée par *J.-F. Cars*.

**215**. Buste de Corneille gravé par *C.-H. Watelet*, 1762, d'après *Pierre*.

**216**. Médaillon de Pierre et de Thomas Corneille, gravé par *Nicolas Ponce*, d'après *C.-P. Marillier*.

**217**. Buste de Corneille par *Caffieri*, dessiné et gravé par *Augustin de Saint-Aubin*.

**218**. Copie réduite du portrait précédent également dessinée et gravée par *Augustin de Saint-Aubin*.

**219**. Buste de Corneille gravé par *Ruhierre*, d'après *Matte*.

**220**. Médaillon gravé d'après *Édouard Gatteaux*.

**221**. Statue de Corneille gravée par *Éléonore Lingée*, d'après *Caffieri*.

**222**. Statue de Corneille gravée par *Bein*, d'après *Laitié*.

**223**. Statue de Corneille gravée par *C. Geyer*, d'après David d'Angers.

**224**. Statue de Corneille gravée par *Le Roux*, d'après le même.

**225**. Portrait de Marie-Angélique Corneille gravé par *Vangelisty*, d'après *Gault*.

# MÉDAILLES

**226. Face :** — *Légende :* PIERRE CORNEILLE. Buste de trois quarts avec la grande perruque.

*Exergue :* CATON.

**Revers.** Dans une couronne de laurier :

ROME
N'EST PLUS
DANS ROME
ELLE EST
TOUTE OU IE
SUIS

**En bas :** MDCXVIII.

Module, 55 mill.

Le mot de Terentianus Maurus à propos des destinées des livres s'appliquerait aussi bien à celles des médailles ou plutôt à la manière dont le sort les a trop souvent distribuées. Il serait curieux de mettre la liste des personnages dont nous possédons des médailles exécutées de leur vivant, en regard d'une liste de ceux qui n'en eurent jamais, ou qui n'en obtinrent que longtemps après leur mort. Pour ne parler que du temps où a vécu Corneille, Jean Warin a pourtrait en médaille un bateleur, son voisin, dont il se plaisait à écouter les farces (1). Eh bien, ce grand artiste qui nous a conservé l'effigie de Tabarin n'a pas songé à rendre hommage au génie de Molière, pas plus qu'à celui de Corneille. C'est seulement 34 ans après la mort de l'auteur du *Cid* que l'on a songé à

(1) On peut voir la figure de cette médaille unique, qui a été acquise en 1874 par la Bibliothèque nationale, dans le *Magasin Pittoresque,* année 1874, p. 8.

lui décerner les honneurs d'une médaille, c'est-à-dire à faire exécuter celle dont on vient de lire la description. Encore la doit-on à l'initiative d'un particulier, qui d'ailleurs avait certainement vu Corneille. On doit cette médaille à l'inventeur, au créateur du *Parnasse français*, ce monument de bronze élevé à la gloire de la poésie et aussi de la musique, qui décore précisément la salle choisie pour l'exposition cornélienne de la Bibliothèque nationale. Erard Titon du Tillet, d'abord capitaine d'infanterie, puis de dragons, ensuite commissaire provincial des guerres et maître d'hôtel de la Dauphine mère de Louis XV (Marie-Adélaïde de Savoie), mort en 1762, âgé de 85 ans, se rendit célèbre en érigeant à ses frais le *Parnasse français*. Non content d'y avoir placé des statuettes de neuf illustres, dont un musicien, le Toscan Lulli, et huit poètes, ceux-ci tous Français, parmi lesquels il avait donné le premier rang à Corneille, dont il avait, dit-on, protégé une descendante (1), Titon fit encore exécuter une suite de médailles, sorte d'arrière-garde, offrant d'abord les portraits de poètes dont plusieurs n'auraient pas dû être placés sur le Parnasse (2), puis aussi, par surcroît, plusieurs de ceux qui y figurent. C'est à cette dernière série qu'appartient la plus ancienne médaille de Corneille connue, le n° 226. Ce n'est pas un chef-d'œuvre et le Mécène qui en a fait les frais ne l'ignorait pas. Voici comment il a parlé de ces médailles : « Si j'avais pu jouir de « quelques autres graveurs que ceux dont je me suis servi, « j'aurais fait terminer avec plus de travail et de délicatesse « ces médaillons. » (*Parnasse français*, édit. de 1732, p. 25.)

Les graveurs, que Titon du Tillet ne daigne pas nommer, étaient l'un ce *Caton* à qui échut le portrait de Corneille;

(1) « Il avait élevé M^lle Corneille chez lui; mais voyant dépérir son bien, il ne pouvait plus rien faire pour elle. Il imagina que M. de Voltaire pourrait se charger d'une demoiselle d'un nom si respectable. » (*Commentaire historique sur les œuvres de l'auteur de la Henriade*). Ce travail a été attribué à Wagnières, mais parait avoir été revu par Voltaire. (V. dans l'édition des Œuvres de Voltaire, de Baudouin frères, t. LXXX, p. 184.)

(2) Ces choix, souvent trop indulgents, lui attirèrent ces vers souvent cités de Voltaire :

« Dépêchez-vous, monsieur Titon,
Enrichissez votre Hélicon;
Placez-y sur un piédestal
Saint-Didier, Danchet et Nadal,
Qu'on voie armés du même archet
Nadal, Saint-Didier et Danchet;
Et couverts du même laurier
Danchet, Nadal et Saint-Didier. »

l'autre S. Curé, qui a fait plus de médailles pour Titon que son confrère. Ni Caton ni Curé n'avaient de talent et tous deux sont restés inconnus à juste titre; ce n'est pas qu'ils n'aient pensé à la postérité; ils ont pris soin de signer toutes leurs médailles, mais vainement. Bien que ces œuvres médiocres aient été reproduites dans les diverses éditions du *Parnasse français* de Titon du Tillet, comme les graveurs des planches (1) se sont contentés d'y mettre leurs propres noms, et qu'ils ont systématiquement supprimé les signatures de Curé et de Caton, les compilateurs de dictionnaires biographiques ne les ont pas connus. On remarquera que par inadvertance Caton a daté la médaille de Corneille MDCXVIII au lieu de MDCCXVIII. Cette l'année 1718, qui vit achever le *Parnasse* (2), vit aussi paraître un grand nombre des médailles de Caton et de Curé. Il est du reste probable que les médailles représentées sur les planches des suppléments de la *Description du Parnasse français* ne sont pas toutes de ces inconnus. Il est telles de ces médailles qui doivent être d'artistes supérieurs à ceux que Titon regrettait d'avoir employés. Ainsi, par exemple, la médaille du cardinal de Polignac (pl. XIII de l'édit. de 1770) pourrait bien avoir été imitée, au moins pour la face, de celle de l'auteur de l'*Anti Lucretius*, signée F. Marteau, qui porte la date de 1730, et dont on peut voir une fidèle reproduction dans le *Trésor de numismatique; médailles françaises, 3e et dernière partie, Pl. XLIII no* 8. Celle du *Parnasse* diffère pour le revers et pour la date qui est 1741. Le médaillon de Crébillon, qui n'est pas signé sur l'original en cuivre, est daté de 1740. S'il est, soit de Caton, soit de Curé, c'est que l'un ou l'autre avaient fait des progrès depuis 1718, date de leurs premières médailles. La médaille de Corneille par Caton se trouve dans l'édition de 1760 du *Parnasse français*. L. Crépy, qui a gravé la planche supplémentaire où elle figure, a copié la faute de date que nous venons de signaler sur la médaille originale et qui paraît aussi sur la médaille voisine de Racine. Est-il nécessaire de noter ici que le vers qu'on lit au revers se trouve dans la scène IIe de l'acte IIIe de *Sertorius?*

(1) Les 6 premières planches sont signées *Crépy f.;* les 7, 8, 9 et 10 ne sont pas signées; les XI et XII sont signées *Crepy f.* mais les pl. 1 et 2 du supplément, dont l'une, la 2e, contient les médailles de Racine et de Corneille, sont signées *L. Crepy f.* Ces graveurs se nommaient l'un Jean, l'autre Louis, fils du premier, suivant le *Kunstler lexicon* de Nagler qui fait naître le père en 1650 et le fils en 1680.

(2) C'est la date indiquée par Titon dans son livre; cependant sur le *volumen* que tient sa propre statuette au pied du Parnasse, on lit : *Parnasse français par M. Titon du Tillet.* 1721.

**227. Face :** — *Légende :* PIERRE CORNEILLE. Buste à gauche de Corneille, avec la grande perruque.

A gauche : les initiales du graveur : I. D.

**Revers**. Sur la base carrée d'une sorte de tombeau se terminant par un obélisque que l'on ne voit pas entier, on lit :

DE L'ACADEMIE
FRANCOISE
POETE
M. 1684

Au pied du tombeau, Minerve assise, éplorée, tenant une palme.

*Exergue :* Mêmes initiales que de l'autre côté de cette médaille.

*Module :* 26 millimètres.

Les initiales I. D. que nous lisons sur cette médaille désignent Jean Dassier, né à Genève en 1678 et mort dans cette ville en 1763. Dassier était fils d'un graveur des monnaies de cette république, Domaine Dassier. Senebier, qui, dans son *Histoire littéraire de Genève* (t. III, p. 104 et suiv.), a parlé des Dassier, a dit de Jean : « Il faisait sauter l'acier sous ses instruments comme un sculpteur fait sauter le marbre sous son ciseau; il n'employait le burin que pour finir. » Cette phrase, souvenir du mot attribué à Michel-Ange, « le marbre tremble devant moi, » a été reproduite par toutes les biographies; il n'y faut voir que la constatation d'une grande facilité à graver ses coins, mais surtout à se contenter. Dassier n'était pas sans talent, mais il faisait vite afin de gagner de l'argent; c'est ainsi qu'il fit trop vite la médaille de Corneille pour une suite de 72 personnages illustres du siècle de Louis XIV. Ainsi qu'on le faisait remarquer plus haut, il est évident que J. Dassier a pris modèle sur l'estampe de Lubin des *Hommes illustres* de Perrault.

Il ne faut pas confondre Jean Dassier avec son fils Jacques-Antoine; celui-ci signait J.-A. Dassier. On a de lui, entre autres bonnes médailles, celle de Montesquieu qu'il n'aurait peut-être pas pu faire sans l'intervention d'un de ses amis, M. Risteau, ancien directeur de la Compagnie des Indes, négociant à Bordeaux, le père de Mme Cottin, l'auteur de *Claire d'Albe*. L'anecdote est curieuse pour l'histoire des arts et pour la biographie de Montesquieu; elle a été contée par M. Risteau lui-même dans une lettre au fils de Montesquieu écrite en 1778 et publiée d'abord dans le *Viographe bordelais* de Bernadau, p. 259. On la trouvera aussi dans la *Vie de Montesquieu* de M. Vian.

« Jacques-Antoine Dassier brûlait d'avoir le portrait de Montesquieu afin de faire la médaille de l'illustre écrivain, mais celui-ci avait horreur de poser et ne voulait pas que l'on fît son portrait. M. Risteau, grand ami du président, s'étant chargé de l'amener à poser pour Dassier, lui amena l'artiste un matin de l'année 1752 comme il déjeunait d'une croûte de pain et d'eau rougie. Montesquieu, après avoir admiré plusieurs médailles que lui montra l'artiste et parmi lesquelles il reconnut celle de son ami, lord Chesterfield, s'adressant à Dassier : « Vous êtes attaché à la Monnaie de Londres, M. Dassier, vous devez avoir fait la médaille du roi d'Angleterre? »

— « Oui, M. le Président; mais comme ce n'est qu'une « médaille de roi, je n'ai pas voulu m'en charger. — A votre « santé pour ce bon mot, M. Dassier, » dit M. de Montesquieu, qui tenait un verre plein.

« La conversation s'anima et devint d'autant plus intéressante que Dassier avait beaucoup d'esprit.

« Enfin, l'artiste se risqua à demander de faire le portrait du président. — « M. Dassier, je n'ai jamais voulu laisser faire mon « portrait à personne. Latour et plusieurs autres peintres « célèbres (qu'il nomma) m'ont persécuté pour cela pendant « longtemps. Mais ce que je n'ai pas fait pour eux, je le ferai « pour vous. Je sais, dit-il en souriant, qu'on ne résiste pas « au burin de Dassier, et même qu'il y aurait plus d'orgueil « à refuser qu'il n'y en a à l'accepter. » —

« La séance commença sur-le-champ; Dassier tira ses crayons de sa poche et j'assistai une demi-heure à son travail. Il en était à l'œil lorsque je pris congé, et alors, se tournant vers moi : « Ah! me dit-il, mon ami, le bel œil! qu'il fera un ma- « gnifique effet! »

Cette anecdote se trouve aussi abrégée, mais avec une curieuse variante, dans l'éloge de Montesquieu par d'Alembert, que l'on peut lire p. xv du t. V de l'*Encyclopédie* publié en 1755, c'est-à-dire l'année même de la mort de l'auteur de l'*Esprit des loix*, et deux ans après la date de la médaille en question, au revers de laquelle on lit 1753.

Malgré la médiocrité du revers, cette médaille, dont le module est de 55 millimètres, est belle et l'*œil* y fait grand effet. C'est du reste le prototype de la plupart des portraits de Montesquieu.

**228. Face** : *Légende :* PIERRE CORNEILLE, buste de Corneille, avec la calotte.

*Exergue :* E. GATTEAUX.

**Revers :**

NÉ

A ROUEN

EN M.DC.VI.

MORT

EN M.DC.LXXXIV.

—

GALERIE MÉTALLIQUE

DES GRANDS HOMMES FRANÇAIS.

—

1818

*Module :* 40 millimètres.

Cette médaille, frappée précisément cent ans après celle due à Caton, est de Jacques-Édouard Gatteaux, sculpteur et graveur en médailles, fils de Nicolas-Marie Gatteaux, graveur en médailles et habile mécanicien qui fut avec Moitte le maître de son fils. Jacques-Édouard Gatteaux, né à Paris le 4 septembre 1788 et mort dans cette ville en février 1881, est l'auteur d'un grand nombre de médailles, dont plusieurs figurent dans la suite à laquelle appartient celle que nous venons de décrire. On citera encore de cet artiste, qui, après avoir eu le grand prix de gravure de Rome en 1809, fut nommé membre de l'Institut en 1845, la statue du chevalier d'Assas pour le Vigan, celle de Bisson pour Lorient et surtout une *Minerve* placée au musée du Luxembourg. On sait que M. Gatteaux a légué au Louvre et à la Bibliothèque nationale les plus importantes épaves de sa collection d'objets d'art presque entièrement détruite par suite de l'incendie de sa maison de la rue de Lille, dans les déplorables journées de mai 1871.

**229. Face :** — *Légende :* PETRUS CORNEILLE. Buste à droite de Corneille, avec la calotte.

*Exergue :* E. ROGAT. F.

R. NATVS
ROTHOMAGI
IN GALLIA
AN. M. DC. VI
OBIIT
AN. MDCCLXXIV.

—

SERIES NUMISMATICA
UNIVERSALIS VIRORUM ILLUSTRIUM.

—

M. DCC. XXVI.
DURANO EDIDIT.

*Module :* 40 millimètres.

Je ne connais pas les dates extrêmes de la vie de cet artiste, qui mourut à Paris, il y a environ 30 ans. Le Cabinet des médailles lui est redevable d'un bel exemplaire d'une médaille représentant Napoléon Ier, revêtu de la redingote grise et coiffé du chapeau légendaire, avec cette légende : NAPOLÉON EMPEREUR DE LA RÉPUBLIQUE FRANÇAISE. Au revers, cette autre légende : TROISIÈME ANNIVERSAIRE DE LA RÉVOLUTION DE JUILLET 1830. Le champ est occupé par une couronne de laurier au milieu de laquelle on lit :

« La nouvelle statue de Napoléon est inaugurée sur la colonne de la Grande Armée en remplacement de celle détruite au retour des Bourbons. »

Cette médaille, de 50 millimètres, est signée : E. ROGAT. F.

**230. Face :** — *Légende :* P. CORNEILLE, FONTENELLE, N. POUSSIN. Bustes superposés, tournés à droite, des trois illustres Normands, P. Corneille, Fontenelle son neveu, et Poussin.

*Exergue :* Depaulis F.

**Revers** : *Légende :* TRIA LIMINA PANDIT. Temple tétrastyle à trois portes. Sur le fronton, trois couronnes.

*Exergue :*

SCIENT. LITT. ET ART
ACAD. REGIA. ROTHOM.
1744.

*Module :* 32 millimètres.

La date de cette médaille-jeton n'est pas celle de sa frappe; c'est celle des lettres patentes (juin 1744) portant approbation par le Roi de la Société académique projetée dès l'année 1716. A ce propos, qu'il soit permis à celui qui écrit ces lignes d'exprimer un vœu. Pourquoi les graveurs en médailles de notre temps ne prendraient-ils pas l'habitude d'ajouter à leur signature la date de l'achèvement de leurs œuvres? Négliger ce soin, c'est

Aux Saumaises futurs, préparer des tortures.

ce n'est pas le cas cette fois. Le style, le nom de Depaulis qui ne peut être oublié, ne permettent pas d'attribuer cette médaille à l'époque de Louis XV; mais enfin on ne pourrait la dater exactement qu'au prix de recherches que l'on n'a pas toujours le loisir de faire. En 1828, Charles X accorda à l'Académie de Rouen des lettres patentes renouvelant celles de Louis XV. Est-ce à ce moment que l'Académie de Rouen fit frapper son jeton? On serait tenté de le croire. Sur le graveur Depaulis, v. au n° suivant.

**231. Face** : — *Légende :* P. Corneille né a Rouen le 6 juin 1606 mort a Paris le 1. octobre 1684. Buste à gauche de Corneille, coiffé de la calotte.

Sous le bras : DEPAULIS F.

**Revers :** Statue de Corneille.

*Dans le champ*, on lit :

STATUE
DE BRONZE
ÉRIGÉE PAR
SOUSCRIPTION
A PIERRE
CORNEILLE
DANS SA VILLE
NATALE

PAR
LES SOINS
DE LA
SOCIÉTÉ LIBRE
D'ÉMULATION
DE ROUEN
EN
1834.

*En bas, à gauche*, on lit :

P. J. DAVID D'ANGERS SCULPTEUR

*A droite :* DEPAULIS GRAVEUR.

*Module :* 60 millimètres.

Depaulis (Alexis-Joseph), graveur en médailles, membre de la section d'archéologie du Comité des travaux historiques, chevalier de la Légion d'honneur, né à Paris le 30 août 1790, auteur de cette médaille de Corneille et de la précédente, fut élève de Cartellier et d'Andrieu. La première médaille de cet artiste à qui l'on en doit un très grand nombre, fut exécutée en 1811 ; elle porte la date de 1810, celle du décret organisant trois maisons pour les *Orphelines de la Légion d'honneur*. Depaulis, âgé de 77 ans, travaillait encore la veille de sa mort qui vint le surprendre le 15 septembre 1867. La Bibliothèque nationale doit à cet artiste, aussi distingué que désintéressé, l'habile et prudente restauration de l'une des statuettes d'argent représentant Mercure, de la trouvaille de Bernay. On citera parmi les œuvres les plus importantes de Depaulis la médaille représentant la Vénus de Milo et celle de l'achèvement du Louvre ; l'une de ses dernières œuvres est consacrée au percement de l'isthme de Suez.

**232. Face :** *Légende :* PIERRE CORNEILLE, buste à gauche de Corneille, avec la calotte.

*En bas, à gauche :* BORREL
1873.

**Revers :** *Légende :*

NÉ A ROUEN LE 6 JUIN 1606
MORT A PARIS LE 1er OCTOBRE 1684.

*Dans le champ :*

LE CID
1630.
HORACE CINNA
1639.
POLYEUCTE
1640.
LE MENTEUR
1642.

*Module :* 50 millimètres.

Borrel (Valentin-Maurice), né à Montataire (Oise) en 1804, mort à la Rue Chevilly (Seine), le 29 mars 1882, élève de J.-J. Barre, souvent médaillé aux expositions, chevalier des ordres de saint Grégoire et des saints Maurice et Lazare, s'est surtout fait connaître comme portraitiste en médailles. Parmi les œuvres nombreuses de cet habile et laborieux artiste, outre la médaille de Corneille, nous citerons les portraits de Victor Hugo, d'Émile de Girardin, de Laurent de Jussieu, du duc de Morny, de l'empereur de Russie Alexandre II, et sa médaille pour la première pierre de l'église de la Trinité à Paris.

Paris. — Typ. G. Chamerot, 19, rue des Saints-Pères. — 16317.

www.ingramcontent.com/pod-product-compliance
Lightning Source LLC
LaVergne TN
LVHW020437230826
846091LV00004B/1522

*9782013703789*